DET MESTA OM LANDSKRONA SLOTT & CITADELL

Kenneth Görtz & Tommy Olsson

Idé och sammanställning av fakta
Kenneth Görtz

Text- och bildbearbetning samt layout
Tommy Olsson

Foto och illustrationer
Upphovsrätt till bilder och illustrationer
tillhör den enskilde fotografen/illustratören
Om ej annat anges foto Kenneth Görtz

Omslagsfoto
Tommy Olsson

Copyright © 2021 Kenneth Görtz & Tommy Olsson
Förlag: BoD - Books on Demand, Stockholm, Sverige
Tryck: BoD - Books on Demand, Norderstedt, Tyskland

ISBN: 978-91-8007-730-9
Andra upplagan

Förord

Landskrona slott och Citadell började byggas 1549 och är en av landets bäst bevarade 1500-tals slott. Sedan det öppnades för allmänheten den 1 juni 1954 har det varit en av de populäraste turistattraktionerna i Landskronas stad.

Sällan skådar man så många människor med nöjda uttryck, som när de varit på ett besök på slottet, antingen man varit med på en rundvandring eller deltagit i något av de äventyr som arrangeras i slottets regi. Det kan vara allt från aktiviteter med historisk träffsäkerhet, en medeltidsmiddag med mat och tillbehör eller en 1600-tals middag mitt under brinnande krig.

Det är lätt att urskilja milstolparna i slottets historia. Det byggdes en gång som fästning och under några hundra år försökte också anläggningen anpassa sig till krigskonstens utveckling. Kring slottet byggdes en bastionsfästning, men krigsteknikens modernisering gjorde det snart hopplöst att försvara sig och i stället blev anläggningen ett fängelse. Numera fängslar Citadellet endast som ett historiskt minnesmärke placerat i ett bedövande vackert rekreationsområde.

För att öppna alla sinnen på besökarna levandegör Landskrona Slott idag historien med temamiddagar, rundvandringar och mysterier. Både bland stadens egen befolkning, tillresta turister och konferensdeltagare.

Den legendariske DN-journalisten Jolo, Jan-Olof Olsson skrev före den stora renoveringen som påbörjades 1971: "I själva verket kunde den bli något rekordartat i turistvärde"

Med denna lilla skrift hoppas jag kunna kittla den historiska nerven för att på så sätt visa historien och historierna på ett lite annorlunda sätt.

För den som önskar fler årtal och annan fakta, rekommenderar jag Åke Jönssons skrifter: Landskrona Citadell en minneshistoria, Historien om ett slott, Historien om en stad Del I, II och III. Eller varför inte boka in en rundvandring på slottet med fängelsehålan, fängelset och huvudbyggnaden?

Väl mött på Landskrona Slott och Citadell!

Landskrona november 2021
Kenneth Görtz

Del 1
Ett slott byggs upp

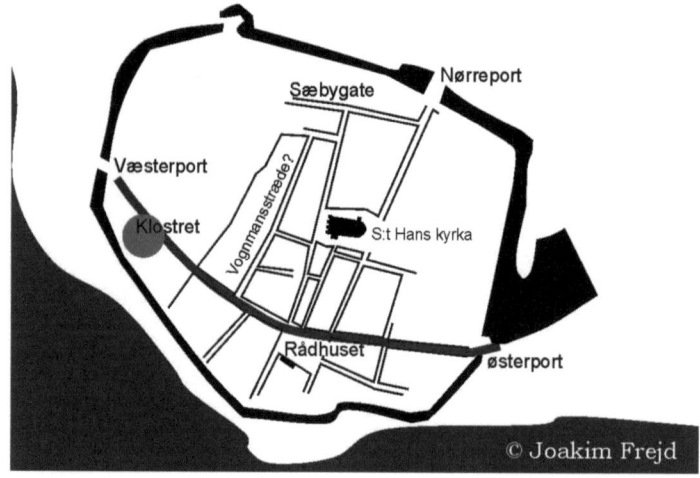

Det råder en del osäkerhet om var det gamla Karmelitklostret låg. Många förespråkar att det låg strax innanför stadsmuren vid gamla Vesterport, strax intill där det blivande Citadellet skulle byggas. Kartan ovan är kopierad efter "Arkeologiska förundersökningar 2014-2015" Joakim Frejd

Bilden nedan visar det nya Karmelitklostret (från 1962) i utkanten av Glumslöv

8

Karmelitorden etablerar sig

År 1410, tre år före staden Landskronas grundande, skänkte den blivande unionskungen Erik av Pommern, mark och stora summor pengar till karmelitorden så att ett kloster kunde byggas vid Södra Saeby. Detta var troligtvis till största delen en botgärning för de blodbad han ställt till med under de danska krigen i Slesvig under 1400-talets första år.

Munkarna, som hämtades från Tyskland, anlände via Helsingör till Glumslöv. Erik av Pommern red dem själv till mötes för att under stor procession föra dem till den plats han hade skänkt dem i syfte att anlägga vad som skulle bli det första karmelitklostret i Norden.

Den exakta placeringen av klostret som sedermera kom att hamna innanför Landskronas stadsmurar, har varierat med olika källor och den allmänna uppfattningen har länge varit att det skulle ha legat på ungefär den plats där citadellet byggdes. Bland landskronabor verkar det finnas en allmän uppfattning om att det skulle ha legat vid Karmelitergatan, men detta är alltså felaktigt.

Utifrån kartografiska undersökningar har man dragit slutsatsen att klosteranläggningen låg precis utanför citadellets nuvarande yttre vallgrav, dvs på den plats som idag kallas Kasernplan. Detta blir då precis innanför den port som före citadellets uppförande hette Vesterport.

Det finns inga bevarade dokument som rör karmelitklostret i Landskrona före 1415. Då nämns det dels i ett testamente efter en adelsdam från Billeberga, dels i ett påvebrev. I det sistnämnda står det att Erik av Pommern "för sin själs frälsning" skänkt en tomt till priorn och bröderna, samt att denna tomt är väl lämpad för klosterverksamheten. Den är generöst tilltagen samt tillhör lagligen kungen.

Det noteras också att det på klosterområdet byggts en kyrka, klockstapel samt kyrkogård för klosterbröderna. Det nämns också att det anlagts olika trädgårdar samt andra nödvändiga verkstäder för att klostret skall vara så självförsörjande som möjligt. Ett tillägg till brevet berättar att verksamheten i Landskrona vuxit med hjälp av kristtrogna, vilket antyder att klostret snabbt blivit ett populärt inslag i den nybyggda staden.

Påvlig maktkamp

Att detta brev inte dyker upp förrän fem år efter klostrets grundande och byggande, antyder att detta skett utan den påvliga administrationens vetskap och godkännande vilket i värsta fall kunnat leda till uteslutning ur den katolska kyrkan. Det finns dock högst förklarliga skäl till denna underlåtelse från klosterbrödernas sida.

Mellan 1378 och 1417 fanns det nämligen två påvar och under en period t.o.m. tre. Orsaken till detta var påven Gregorius XI:s uppbrott från Avignon och återvändande till Rom. Efter Gregorius XI:s död valdes i april 1378 Urban VI till påve i Rom. I september samma år valde de franska kardinalerna Clemens VII till ny påve, med säte i Avignon.

Den maktkamp som uppstod mellan dessa två påvar ledde till att båda bannlyste varandra och den katolska kyrkan tappade såväl trovärdighet som inflytande i moraliska frågor.

Av denna anledning kallade man till ett koncilium i Pisa 1409 för att lösa tvisten om vilken av de två påvarna som var "den rätte". Resultatet blev ödesdigert då konciliet ansåg att ingen av de två redan valda påvarna ägde någon som helst legitimitet. Istället valde man en egen påve. Eftersom ingen av de två redan tillsatta påvarna accepterade detta val fanns det nu tre påvar.

Situationen blev nu fullkomligt ohållbar och det kallades till ett nytt koncilium i Konstanz. Vid detta koncilium valdes till sist en enda påve - Martin V - som tog sitt residens i Rom och därmed var tvisten löst.

Det var alltså under denna period av förvirring och maktkamp inom den katolska kyrkan som klostret i Landskrona grundades och en mycket trolig förklaring till avsaknaden av påvligt tillstånd är att grundarna helt enkelt inte visste hos vilken av de tre påvarna man skulle ansöka om att få grunda det nya klostret.

11

När den nyvalda påvliga administrationen nu fått kännedom om karmelitordens nybyggda kloster i Landskrona, utgick en skrivelse från den nya påven till ärkebiskopen i Lund som därigenom fick i uppdrag att grundligt undersöka huruvida alla nödvändiga ritualer vidtagits vid invigningen av klosterkyrkan. Efter att denna undersökning konstaterat att allt gått rätt till, utgår såväl absolution för klosterbröderna som välsignelse för klostret.

Vad det påvliga brevet från 1415 också visar är att redan fem år efter grundandet av klostret och bara två år efter grundandet av Landskrona, är klostret fullt utbyggt och verksamheten i full gång. Några namn på bröderna som grundade klostret finns inte omnämnt men bara tolv år senare omnämns Johannes Conradi som prior vilket inom karmelitorden är klostrets föreståndare, till skillnad från t.ex. benediktinkloster där föreståndaren kallas abbot och priorn endast är dennes ställföreträdare.

Trots den antydda populariteten, finns det väldigt lite information om klostrets verksamheten. Med tanke på att orden efter sin flykt till Europa lagt till predikan och själavård är det troligt att klosterbröderna ofta sågs på stadens gator och torg i just den rollen. I samband med den verksamheten ägnade sig bröderna även åt insamlande av bidrag till klostrets försörjning.

I Landskronas stadslag från 1489 slås det fast att klosterbröderna inte får ägna sig åt handel annat än för sin egen försörjning utan att betala skatt för denna handel precis som vilken annan borgare som helst.

Endast en av bröderna vid det gamla klostret i Landskrona, kliver så småningom ut ur anonymitetens skuggor. Landskronas förste lutheranske kyrkoherde, Anders Ottosen Ljung, som i en skrift av Henrik Smid omnämns som före detta karmelitmunk.

Ingen religionsfrihet

Efter reformationens genomförande i Norden fanns det i princip ingen religionsfrihet alls. I Sverige kunde man så sent som 1860 till och med bli utvisad ur landet om man bekände sig till någon annan tro än den lutheranska.

Samma år får icke-svenska personer rätt att utöva sin religion under organiserade former. 1860 är också det år då det först blir tillåtet att avsäga sig medlemskap i svenska kyrkan under förutsättning att man därefter registrerar medlemskap i ett annat av staten godkänt trossamfund. Trots denna uppluckring av lagstiftningen tillät man fortfarande inte klosterverksamhet i Sverige.

Inte förrän 1951 genomförs religionsfrihet i Sverige i den form vi är vana vid idag. Svenska kyrkan skiljs från staten och har inte längre monopol på kyrkliga verksamheter såsom dop, vigsel och begravning. Det blir också tillåtet att avsäga sig medlemskap i svenska kyrkan utan att för den skull behöva ingå medlemskap i ett annat trossamfund. Den nya lagstiftningen öppnar även dörrarna för klosterverksamhet i Sverige.

Kung Kristian III (1503 - 1559)

Slottsbygget påbörjas

1549 var som bekant Landskrona i dansk ägo. Kung Christian III hade varit på kollisionskurs med den svenska adeln och när nu lugnet började lägga sig, beslöt kungen att bygga ett slott i Landskrona. Anledningen var dels för att det behövdes en symbol för kungamakten och dels för att det skulle ha en lugnande effekt på upprorsmännen som stod på svenskarnas sida.

Beslutet var inte svårt för Kungen att fatta eftersom han hade slottsbygge som hobby. Dessutom var landskapet av stor betydelse ur försvarssynpunkt, efter att Kungen gått segrande ur "Grevefejden", det största inbördeskriget i Danmarks historia. Detta utbröt 1534 då handelsstaden Lübeck, efter Fredrik I:s död, ville öka sin makt i Norden genom att försöka återinsätta Kristian II på landets tron.

Peder Skram

1549 gav Kung Christian därför i uppdrag åt befälhavaren för den danska flottan, "Danmarks våghals" Peder Skram, som då var länsherre i Helsingborg, att lägga grundstenen för det gigantiska slottsbygget.

Peder Skram och hans hustru Elsebe Krabbe reste ner till

15

Landskrona för att utföra sitt uppdrag. Inridande på var sin häst kom de till staden. Vid platsen där slottet skulle byggas, kvarteret Västerport, fanns det många fattigfolksbodar och köpmansbodar. Men det fanns även ett Karmelitkloster som man var tvungen att riva. En av munkarna i klostret blev så upprörd att han lovade att komma tillbaka och ställa till oro efter sin död. Än i dag påstås det att man kan få se en skymt av gråmunken, ett av landets äldsta spöken, på slottet.

1549 lade alltså Peder Skram och hans hustru Elsebe Krabbe grundstenen till Landskrona slott. Deras dotter, Oline, berättade sedermera om ceremonin: Peder Skram "kastede den förste sten udi grundvolden", därefter hade det varit hans hustru Elsebes tur.

Länsherren Peder Skram träffade avtal med en mängd olika köpmän om byggmaterial mm. Som ett exempel kan nämnas att Peder Skram reste till abboten på Herrevadskloster och beställde 60 000 tegelstenar som skulle brännas och fraktas till slottsbygget. Varje tegelsten vägde cirka sju och ett halvt kg mot en modern tegelsten som väger omkring två och ett halvt kg.

Mycket av byggmaterialet togs från de hus och bodar samt från klostret, som man rivit på plats och ställe. Man befallde bönderna från tio härader runt Landskrona att arbeta fyra dagar var på "egen kost och täring", dvs. utan lön och utan mat i de tio år som bygget tog. Peder Skram följde för övrigt inte hela arbetets gång, utan avgick efter sex års byggande, då tjänsten som länsherre i Helsingborgs län och Landskrona slott övergick till Frans Brockenhuus. Då höll slottsbygget på som bäst och vallgravarna grävdes.

Vallgraven grävdes tre meter djup och 70 meter bred. Detta var en förutsättning för att man skulle slippa vallar. Huvudbyggnaden byggdes 50 meter lång och 15 meter bred.

Tio års byggande

Efter tio års byggande var slottet äntligen klart. Det låg nu vackert och speglade sig i den breda vallgraven. Mellan Öresund och vallgraven fanns bara en smal landremsa som ledde fram till en lång bro med en vindbrygga.

Slottet bestod av en stor huvudflygel, med fem meter tjocka spärrmurar runt borggården och ett öppet kanontorn i varje hörn. Det västra tornet utåt havet var krenelerat och var det enda, som var flera våningar högt.

På borggården fanns en del mindre korsvirkeshus, som användes till stall, kök och skrivarstuga. Allt var klart för att kunna ta emot Kung Christian III för invigningen av Landskrona Slott. Men Kung Christian kom aldrig till invigningen.

Kungen dog, samma år, alltså 1559.

Stödmuren syns tydligt när man står på bottenvåningen i huvudbyggnaden

Stödmurarna på huvudbyggnaden

Ingång till fängelsehålan

18

Slottets uppbyggnad

Huvudbyggnaden
Bottenvåningen med de 5 meter tjocka ytterväggarna, var från början indelad i tre avdelningar, varav en innehöll en bakugn och det bryggeri som tillhörde slottet. Denna indelning försvann vid en stor ombyggnad 1731 då man var tvungen att mura en stödmur genom hela slottet eftersom det "bombsäkra" tunnvalv man byggt upp mot taket var för tungt och väggarna började spricka. Man uppförde samtidigt strävpelare med bärvalv (konterforter) som stöd för flygelns vägg mot borggården. Se bilder på sidan 16.

Än i dag kan vi se de borrhål i omfattningsmurarna som är märken efter byggnadsställningarna. Dessa murar är alltså de ursprungliga.

Fängelsehålan
På bottenvåningen finns även idag ingången till fängelsehålan som användes ända fram till ca 1820. Här satt krigsfångar, politiska fångar och även hela familjer som inte hade någonstans att ta vägen och därför blev dömda för lösdriveri. Lösdriveri var i lag förbjudet ända fram till 1947.

I fängelsehålan kunde det sitta upp till 80 fångar samtidigt. Man åt, sov och gjorde alla sina behov här och det

19

En av nischerna i fängelsehålan

var inte många som kom levande därifrån. Luft och ljus kom in genom tre små ventilliknande hål i taket och värmen kom från en eldstad i mitten av fängelsehålan. Det finns 9 nischer inmurade i väggarna vilket utgjorde sängplatser för de fångar som var starka nog att slå sig fram till en plats. Som huvudkudde hade man en tegelsten.

Från början hissades fångarna ner i fängelsehålan genom ett hål i taket. Genom detta hål kastade vakterna också ner mat till fångarna, men oftast var det bara de största och starkaste, som kunde ta åt sig vad de behövde.

Eftersom fängelsehålan låg under havsytan, som vid den här tiden låg ca 50 cm högre än idag (2020) trängde fukten igenom, och kylan kunde vara väldigt svår.

Fångarna fick betala dyra mutor till vakterna, för ved och brännvin.

Undernäring, kölden och den dåliga hygienen ledde till många sjukdomar och gjorde också att det inte var många som överlevde sin strafftid.

Det finns en berättelse om prästen Petrus Timelin som suttit både i Landskronas och Kristianstads fängelsehålor. Det berättas att han fick ta med sig en personlig sak i fängelset och han valde att ta med sig sin bibel. Väl nere i hålan höll han bibeln i ett krampaktigt tag över bröstet. Anledningen var inte att han inte ville förkunna Guds ord för de övriga medfångarna, utan för att han skyddade den mot de övriga fångarna som var ute efter bokens blad för att använda som toalettpapper.

Det paraplyformade taket till hålan tillverkades 1656 och samtidigt som man lade man igen hålet till fängelsehålan gjorde man den öppning genom muren som idag används.

Under 1700-talet var Varbergs, Bohus, Malmöhus och Landskronas fästningar de enda som hade en fungerande form som fängelser. Trots detta minskade man antalet fångar på slottet och en del fångar förvarades i stockhus på borggården.

Bakugn och bryggeri

På bottenvåningen fanns även den stora bakugnen och bryggeriet där allt öl bryggdes till soldaterna. Vi denna

21

tiden hade varje svensk soldat sju och en halv liter starkt öl i ranson per dag.

I soldatboken från 1676 kan man läsa att "soldaten skall vara oförskräckt, trogen, nykter och lite högfärdig, då äro soldaten hedrad, undgå straff, vinna sina förmäns kärlek, bibehålla hälsan och nödlös utkomst".

Man kan dock undra hur man bar sig åt för att hålla sig nykter om man drack sju och en halv liter starkt öl om dagen...

Många av soldaterna bodde inte i själva slottet utan i små hus ute på borggården. När husen skulle byggas räknade man med att få plats med 6000 soldater. Det har dock aldrig varit mer än 1 600 soldater på Citadellet.

Riddarsalen

Går vi vidare en trappa upp i huvudbyggnaden kommer vi in i den vackra riddarsalen. Det var här som historien om älgen utspelade sig.

Enligt historien hade astronomen Tycho Brahe under april 1575 besökt den mycket ryktbare lantgreven Vilhelm IV av Hessen-Kassel. Denne var mycket intresserad av astronomi och han bad den danske kungen Fredrik II att på alla sätt befrämja Tycho Brahes forskning. Detta gjorde också kungen genom att 1576 erbjuda Tycho Brahe ön Hven.

Lantgreven hade hört talas om att det skulle finnas ett nordiskt djur som hette "rix". Det kunde dock inte hittas något djur med detta namn i norden utan man trodde att det var en ren. Det visade sig att lantgreven hade haft renar på sitt gods och att de hade trivts mycket bra under vinterhalvåret i Kasel. Det berättas dock att dessa hade dött av värmen under sommaren.

Tycho frågade då om djuret "rix" kunde vara en älg? Det var det dock inte och lantgreven var väl införstådd med vad en älg var. Han hade haft en tam sådan på sitt gods som hade följt honom som en hund. Denna älg levde nu gott i djurparken i Zapfenburg och han var på jakt efter en ny. Tycho lovade att skaffa fram en ny älg.

Tycho Brahe hade nämligen hos sin bror, Jörgen Brahe, som var kommendant på slottet, en tam älg som strosade omkring.

Gästabudet

Under ett gästabud på slottet stapplade älgen uppför trappan och in i riddarsalen. När den objudne gästen väl kommit in behandlades den dock ytterst välvilligt. Han bjöds att dricka av starkölen och eftersom denna dryck i

Tre som alltid kommer att vara förknippade med varandra: fr v Tycho Brahe, Jörgen Brahe och Tychos tama älg

allra högsta grad uppskattades, lät han sig väl smaka och drack ansenliga mängder.

När man senare med försiktighet skulle fösa ner den kraftigt berusade älgen för trapporna, bar det sig inte bättre än att denna föll och bröt ett ben. Trots ömsint vård gick inte älgens liv att rädda. Det är såvitt vi känner till den enda älg som dött med ett brutet ben och en rejäl baksmälla.

Tornrummet

Vidare på detta våningsplan finns ett tornrum som ända fram till 1656 var enda ingången till fängelset. Denna ingång bestod av en lucka i golvet, där fångarna hissades ner. Samma år lade man ett furubjälktak som finns kvar än idag.

Under 1700-talet användes tornrummet som ett mindre krutupplag. För att krutet skulle hållas torrt hängdes det upp så högt som möjligt. Kruttunnorna hängdes därför upp i krokar i balkarna i taket. I tornrummet fanns också fyra kanonportar.

Vigselrummet

Den mer än 350-åriga trappan av ek vindlar sig upp till vigselrummet. Både vigselrummet och kyrksalen är kristnade och än idag vigs här hundratals par varje år.

Från början var även vigselrummet ett krutupplag och här fanns också tre kanonportar med 14 pundskanoner. Kanonkulorna mättes i skålpund vilket skulle betyda att 14 punds kanonkulor vägde ca 6 kilo.

Det idag synliga kupoltaket byggdes 1699 och var på sin tid bombsäkert. Vid restaureringen 1970 hittades texten SLS 1794 skrivet i taket. Än idag är det ingen som

Kanonport i vigselrummet

vet vad det betyder, men man kan tänka sig någon form av signatur och årtalet från en soldat eller liknande.

I detta rum finns också den enda rekonstruerade kanonporten. Alla kanonportar i huvudbyggnaden såg ut som denna innan man öppnade upp och satte in fönster. Här kan man se var kanonen stack ut pipan, var balkarna som höll kanonen på plats var placerade och titthålen där soldaterna kunde följa fiendens rörelser. Man ser också den stora rökgången rakt ovanför kanonen, som skulle vädra bort krutrök. Efter den stora branden 1886 förstorades skottgluggarna och man satte i fönster för att fångarna skulle få in mer ljus till sina arbetsplatser.

25

Kyrksalen

Vigselrummet ligger i anslutning till kyrksalen. Denna bestod från början av två magasinsloft men efter den stora branden återställdes aldrig det översta. 1924 inrättades våningen till kyrksal för de kvinnliga fångarna för att de skulle få lära sig kristen tro.

Här fanns även en skyttegång. Detta är en lång välvd gång som löper längs hela flygelns sydvästra mur och var från början inte öppen ut till själva magasinsloftet.

Skyttegången var för att soldaterna skulle kunna kunna försvara slottet från samtliga väderstreck. Man kunde alltså via trappor komma runt slottet för att genom de nio skottgluggarna skjuta mot fienden. I den södra delen av skyttegången finns det två ovala öppningar i muren. De sitter precis ovanför bron och det var här man hade hissanordningen för vindbryggan.

Under tiden som Citadellet användes som militärförläggning 1940 – 45, hölls gudstjänster i kyrksalen. Under tiden det var flyktingförläggning användes kyrksalen även till gudstjänster, bröllop, barndop och begravningar för olika religioner.

Rustkammare

Det fanns även en två rum stor rustkammare i huvudbyggnaden. Här förvarades slottets vapen, rustningar mm. Det enda som finns kvar idag är en vinsch från början av 1600-talet i taket. Med den kunde man hissa upp utrustning, krut och sädessäckar från borggården. Väggen mot borggården var öppen med en lastport.

Borggården

På borggården byggdes små korsvirkeshus. När dessa förföll revs de efterhand och i stället uppförde man en del andra byggnader. Man planterade också några träd. Den enda färskvattenkällan var två brunnar från 1500-talet och beräknades räcka till 5000 man. Det bräckta vattnet från Öresund i vallgravarna var inte drickbart.

Sjukhuslängan

Ritningarna till de två första våningar på sjukhuslängan gjorde Erik Dahlberg under 1650-talet. Byggstarten var först in på 1700-talet och den tredje våningen byggdes så sent som på 1860-talet. Första våningsplanet har den nordöstra spärrmuren som yttervägg och på andra våningsplanet kan man gå rakt ut på denna.

Under tiden som sjukhuslängan användes som sjukhus fanns läkare i den vänstra porten och i de andra sjuksköterskor och salar. Här fanns också sjuksköterskor som var specialister på könssjukdomar.

Under tiden som Citadellet fungerade som kvinnofängelse föddes det även barn i sjukhuslängan.

Till vänster syns spärrmuren bakom sjukhuslängan och till höger ingången till fängelset.

27

FOTO: Tommy Olsson

Del 2
Slottsherrarna
1559 - 1815

Kommendanterna

Under den danska tiden var Landskrona Län ett län i Skåne och länsmannen bodde på Landskrona slott. Länet uppgick 1669 i Malmöhus län. Runt 1600 ingick Färs, Harjagers, Onsjö och Rönnebärga härader i länet.

Kommendantens åliggande

Landskrona Citadell är som tidigare berättats, i dag Nordens bäst bevarade 1500-tals fästning. De som här beskrivs som "slottsherrar" hade rollen som kommendanter. Som sådana var de högsta befälhavare och hade i fredstid inseende över ordning och säkerhet och i krig oinskränkt befäl förenat med ansvar för fästningens försvar.

1559 - 1560 Lave Urne

Lave Urne var av en framstående dansk släkt. Han far, Jörgen Urne, påstods ha haft tre (en del säger fem) fruar och 23 barn vilket gav Lave Urne 22 syskon.

1560 - 1566 Axel Tönnesen Viffert

1558 skickades Viffert till Spanien av Christian III för att värva spanska officerare till den danska hären. Vid hemkomsten fick han kungens tillstånd att inlösa pantlänen Önnestad och Strö.

Han förlänades 1559 huvudlänet Landskrona och fick

det ansvarsfulla uppdraget som proviantmästare för den danska hären i Skåne. 1564 erhöll han Svalöv som pantlän och förvärvade sedan inom denna socken gårdar, av vilka han bildade sin huvudgård Axelvold. Viffert fick en tidig död som antogs vara vållad av trolldom. Han är begravd i Lunds domkyrka.

1566 - 1567 Jörgen Tideman
En okänd länsman med okänt släktförhållande.

1567 - 1576 Jörgen Marsvin
Danskt riksråd född i Odense. Under nordiska sjuårskriget 1563 – 1570 blev han 1564 ryttmästare för den jylländska adelsfanan (en ryttartrupp av adelsmän). Det var en ställning som vann kungens gillande och anses vara den troliga anledningen till att han 1565 blev förlänad med det strategiskt viktiga Helsingborgs slott.

Helsingborg byttes 1567 mot det likaledes viktiga Landskrona. Samma år som han övertog Landskrona övertog han också kommandot över den skånska adelsfanan. Året 1568 (under nordiska sjuårskriget) blev han betrodd en större uppgift då han som fältöverste över två fanor, (En fana = ungefär 2 skvadroner. Varje enhet hade egen fana) ryttare och fyra fänikor (En fänik = ett kompani. Fänik = liten fana)

1576 blev Marsvin stiftlänsman på Fyn. Han hade visat att han var en duglig officer men var mindre användbar i fredens tjänst. Bönderna i Odensgård klagade högljutt över hans närighet med kost och husrum då de skulle utföra arbete åt honom. Detta medförde en kunglig varning och 1578 flyttade han till Sölvesborg där verksamhetsfältet var begränsat.

Marsvin karaktäriseras som handlingskraftig, driftig och barsk. Det bör omtalas att Marsvins dotter Ellen, som föddes på Landskrona slott, blev en mycket inflytelserik kvinna och en stor godssamlare. Hennes dotter Kristen, gifte sig 1615 med Kristian IV och blev drottning av Danmark, men det är en annan historia. Jörgen Marsvin dog 1581 och är begraven i Östra Vemmenhögs kyrka.

1576–1588 Axel Gyldenstierna

Axel Gyldenstierne föddes 1542. Han blev riksråd 1582 och var länsman på Akershus och ståthållare i Norge 1588–1601. Han kom i tjänst vid Fredrik II:s hov

Axel Gyldenstierne hade haft några andra förläningar när han 1576 förlänades med Landskrona. 1579 blev han utnämnd till landsdomare i Skåne och lönen för denna syssla var "kvitt och fritt". Han fick med andra ord behålla de intäkter som uppdraget medförde. Som landsdomare i Skånes landsting, som var landskapets högsta instans, var han en av Skånes mäktigaste män.

Den 23 maj 1576 förlänade Fredrik II ön Hven till Tycho Brahe för att han skulle kunna bygga sitt observatorium på ön. Närheten mellan Landskrona och Hven gjorde att det uppstod ett gott förhållande mellan Gyldenstierne och Brahe. Gyldenstierne besökte ön ofta.

Men Brahes hårdhet mot bönderna på Hven ledde till konflikter och 1580 utsåg kungen Gyldenstierne till att leda medlingen mellan parterna. Det blev slutligen en förlikning som kom att avgöra en betydelse för öns framtida tillhörighet. Hven lades under Skånes landsting och då samtidigt under landsdomare och länsman Gyldenstierne. Vid freden i Roskilde följde Hven med Skåne och har sedan dess tillhört Sverige.

Kort efter begravningen av Fredrik II i Roskilde blev Gyldenstierne den 28 juni 1588 utnämnd till ståthållare i Norge och länsman på Akershus län.

1588-1591 Jørgen Ottesen Brahe

Jørgen Ottesen Brahe var en skånsk adelsman, född den 19 februari 1554 på Knutstorps borg och död den 4 februari 1601 på Tosterup. Han var son till Otte Thygesen Brahe och Beate Clausdatter Bille och bror till Tycho Brahe.

Från 1579 deltog han under en kort tid i kriget i Nederländerna. 1588-91 var han lensmand på Landskrona citadell och var den som 1589 gav kunglig order om att bygga en ny bostadsflygel för länsmannen på slottet i Landskrone. 1590-98 var Jørgen Ottesen Brahe lensmand på Varbergs fästning. 1598 lät han uppföra den ansenliga Tosterups kyrka.

Jørgen Ottesen Brahe *Allerums kyrka där Jørgen Brahe och hans hustru*
född 1554, död 1601 *ligger begravda. Här är även Nils Poppe begravd.*

I februari 1601 besökte Brahe och hans hustru Kulla Gunnarstorp. Där drabbades de av pesten och dog kort tid efter varandra. De blev begravda på samma dag i Allerums kyrka, strax norr om Helsingborg.

1591 - 1602 Oluf Rosensparre

Rosensparre stod på vänskaplig fot med Tycho Brahe och besökte honom ofta på Hven. 1596 blev Rosensparre Riksråd och bytte 1602 Landskrona Län mot Mariager på Nordjylland.

1602 – 1612 Christian Barnekow

Christian Barnekow var son till Hans Barnekow och Mette Oxe. Redan vid fyra års ålder dog fadern men modern ombesörjde att han ändå fick en god uppfostran. Vid 18 års ålder begav han sig till Tyskland för sex år studier.

Efter moderns död for han åter utomlands och mellan åren 1584-1586 vistades han i Frankrike, England och

Skottland. Efter ännu en kort visit i sitt hemland Danmark återvände han till Tyskland och Basel för studier. Åren 1588 till 1591 tillbringade han med att resa och studera runt om i världen. Under denna tid besökta han Italien, Sicilien, Malta, Turkiet, Palestina och Egypten.

Vid sin återkomst erhöll han en tjänst vid hovet och fick snart styrelsen över viktiga län i Skåne - bland annat Landskrona och Malmöhus - och användes i flera diplomatiska beskickningar.

FOTO: Sven Dehre

Barnekowstenen

Mest berömd är han dock genom sin död i striden på Kölleryds hed. Enligt sägnen skulle Barnekow där ha offrat sitt eget liv för att rädda Kristian IV. Kungens häst ska vid ett språng över en gärdsgård ha spetsats på en stör. För att undgå att kungen föll i svenskarnas händer överlät Barnekow sin häst med orden *"Min häst ger jag åt eders majestät, och uppoffrar åt fienden mitt liv"*. Kungen undkom oskadd med han föll själv offer för svenskarna.

En sten med "Christian Barnekows blod" visas ännu där, och en inskription erinrar om händelsen.

1612 - 1619 Tage Ottesen Tott

Tage Ottesen Tott var son till Otte Andersen Thott och Sofie Brahe, syster till Tycho och Jörgen Brahe. Genom arv, köp och genom sina äktenskap satt han inne med Eriksholm, Bjersøholm, Skabersø, Barsbæk, Herrestad, Flakkerup, Ulstrup och flera andra gårdar. Efter Landskrona övertog han Malmøhus Län och i predikningar efter hans död pratades det om att han var "ligesom en Konge udi Skåneland".

1608 blev han länsman på Laholm och under Kalmarkriget 1611 – 1613 tjänstgjorde han som ryttmästare för den halländska adelsfanan. 1612 fick han Landskrona som han bytte 1619 mot Sölvesborgs län och blev då ryttmästare för den skånska fanan.

Åt sig och sin släkt uppförde Thott, efter sin första hustrus död, ett gravkapell i den gamla nu rivna kyrkan i Torrlösa. Här begrovs han efter sin död 1658.

1619 – 1621 Andrew Sinclair

Sinclair var av skots högadel och var född 1555 i Roslin Lothian, Scotland. Hans fader var Henry Sinclair och modern Janet Lindsay of the Byres. Andrew gifte sig med Kirsten/Kristine Eriksdatter Kaas och de fick barnen Isabelle och Christian.

Under Kalmarkriget 1611 – 1613 var han kapten för ett kompani fotfolk och deltog i erövringen av Öland 1611. Sedan Kalmar intagits fick han det ärorika och ansvarsfulla uppdraget som kommendant på Kalmar fästning. Som belöning för sina insatser under kriget blev han belönad med "ridder af den väbnede arm". Han fick både Gislöv och Gladsaxe. som förläningar.

1619 byttes Gislöv mot Landskrona som han hade fram till 1621. Därefter blev det Hammershus med Bornholms fyra härader. Ätten tycks ha trivts mycket bra i Danmark och det sägs att konungen stod fadder till Andrews son.

I närheten av Gumlösa kyrka uppförde Sinclair sin sätesgård Sinclairholm utanför Sandby i Göinge härad.

1621 – 1627 Gabriel Kruse

Officer i den Dansk-Norska flottan och som sådan tillbringade han sin mesta tid på havet.

Han var 1610 kapten på det danska krigsskeppet "Markatten" och 1611 deltog han i ett angrepp mot svenska flottan vid Älvsborg. Året därpå var han befäl över nio mindre fartyg.

Kungen var nöjd med Kruses verksamhet och förläningar uteblev inte. 1616 – 1627 hade han Stavanger i förläning, under samma tid som Gladsaxe 1620 – 1621 och 1621 – 1627 även Landskrona. Efter Landskrona blev det Roskildegård och därpå Mariager Kloster. Han dog 1647 i Tulsted och Hjulebjerg.

1627 -1646 Henrik Huitfeldt

Henrik föddes 1538 i Trondhjem. Fadern var Jakob Huitfeldt och modern Lisbet Friis. Han var gift med Margrete Rosenkrantz av dansk uradel.

Han blev länsherre på Landskrona slott och län 1627 och blev den som satt på posten längst av alla.

37

I slutet av 1643 gick svenska trupper från de nordtyska besittningar in i Jylland och i februari året därpå under ledning av Gustaf Horn över den skånska gränsen vid Markaryd med 11.000 man och med Landskrona som mål. De kom fram den 30 mars till Landskrona och den 7 april knackade de på slottsporten. Det fanns då 26 yrkessoldater på slottet och Fredrik Rantzau hade kommit från Fyn med 200 bondesoldater.

Bondeknektarna var förvisso illa utrustade och hade låg stridsvilja, men när striden var över fick garnisonen lämna slottet "med flygande fanor i full mundering". Vid freden i Brömsebro 1645 fick dock Danmark behålla Skåne. Huitfeldt dog i Landskrona 1652 och är även begraven där.

1646–1657 Knud Ulfeldt

Ulfeldt fick sin utbildning i utlandet och var 1635–1638 överstemunskänk. Åren 1640–1641 hade han län i Norge och senare i Landskrona. År 1657 föll han i kriget med svenskarna vid Sibbarp.

En version säger att när Knud Ulfeldt inspekterade platsen för slaget blev han skjuten av en skadad svensk, som med sina sista krafter lyckades lyfta sitt vapen och skjuta. En minnessten är rest på platsen för att hedra Knud Ulfeldt och de andra stupade.

Freden i Roskilde 1658 blev en svår förlust för Danmark som fick lämna Skåne, Blekinge, Halland, Bohuslän, Bornholm och Trondheims län till Sverige.

1657 Holger Vind

Holger Vind, var en dansk adelsman, son till Jørgen Vind. Vind var 1648-53 anställd vid hovet som överste munskänk och visade sig mycket verksam för stadens förplägning vid Köpenhamns belägring 1658-59. Han ägde Vrams-Gunnarstorp på Söderåsen.

Vind hade en gedigen utbildning och stod Kung Christian IV mycket nära. Han fick anförtroendet att överlämna Landskrona slott till svenskarna efter den historiska freden i Roskilde 26 februari 1658. Han överlämnade den 3 dagar senare den 1 mars samma år. Vind vägrade dock svära trohetseden till den svenske kungen.

Han bosatte sig sedermera i närheten av Helsingör och erhöll höga befattningar i Danmark.

1658 William Philp

Philp är en svensk adelsätt med ursprung från Skottland. Äldste kände stamfader är fogden i Ormestoun, Jacob (James) Philp.

William Philp till Uddnäs och Ekeby i Almunge socken och Knutby socken, föddes i Skottland och inflyttade 1624 till Sverige.

Naturaliserad svensk adelsman introducerad 1638 under nr 242. Avsked som överste 1658.
Begraven i Almunge kyrka, där hans vapen med påskrift uppsattes.

1658–1661 Gynter Rosenschantz

Efter freden i Roskilde den 26 februari 1658 då Skåne alltså kom att tillhöra Sverige, blev Gynter Rosenschantz av Karl X Gustav den 4 november 1658 utsedd till Kommendant i Landskrona och till Landshövding 1659.

1661 blev Gynter överflödig som Landshövding när Landskronas och Helsingborgs län slogs samman med Malmös län och det sista brevet till honom som kommendant blev registrerat den 12 mars 1662.

Gynter avled 31 mars 1662 och begravdes i Landskronas gamla stadskyrka St:Johannis Babtistae kyrka

1661 – 1664 Peder Hammarskjöld

Som förste landshövding i Malmöhus län fick Hammarskjöld sannolikt vara utan ersättning, men att bli den första landshövdingen med residens i Landskrona var väl ingen dålig kompensation. Det dröjde dock tre månader efter det att han blivit utnämnd, innan han den 1 april 1662 infann sig på slottet i Landskrona. I den Hammarskjöldska släktgrenen finns även före detta FN:s generalsekreterare Dag Hammarskjöld (1953 – 1961).

Anders Arenfelt 1664–1665

Efter en tid i Landskrona fick han 1670 överstes rang och 1673 utnämnd till kommendant över Narva. Han var gift med Anna Catharina och de hade flera barn i äktenskapet. En av de dråpligaste historierna är väl den om att två av pojkarna, Anders och Mårten, som utnämndes till underofficerare i Helsinge regemente, men de avskedades av överste von Wolffen eftersom den äldste av pojkarna var blott 11 år och den yngste 8 år gammal...

Anders Björnefeldt Clöös 1665–1670

Överste Anders Björnefelt Clöös blev utnämnd till kommendant på Landskrona fästning den 23 februari 1665 men tillträdde inte tjänsten förrän i slutet av samma år. Han tjänstgjorde fram till 1670 då han dog, troligen på sin post.

Han var gift men hustrun vistades i Tyskland med deras döttrar. Han hade fått några gårdar 1649 men anledningen till donationerna nämns inte. Han ägde inga gods.

Hieronymus Lindeberg 1670–1676

1676 går det Skånska kriget in på sitt andra år och i slutet av juni siktas en väldig dansk invasionsflotta i Öresund. Danmark tänker återta de förlorade provinserna. Man intar Helsingborg och den 6 juli närmar man sig Landskrona.

Garnisonsstyrkan på Citadellet består av 1600 välutbildade soldater. Den 8 juli inleder Christian V:s armé en våldsam beskjutning av staden och två dagar senare har de danska styrkorna nått fram till stadsporten.

Den 25 juli har den danska armén 29 kanoner på plats och disponerar 7 607 soldater för attacken. Under några dagar dånar kanonerna i ett, man får in en del träffar på slottets byggnader, som skadas svårt. Man bestämmer sig för att genomföra "operation stormning" den 3 augusti.

För att sätta press på den svenska besättningen sätter danskarna den 2 augusti igång en intensiv kanonad. Klockan 18 den 2 augusti skickar den svenske kommendanten ut en trumpetare på vallen och låter honom blåsa Charmade, som betyder kapitulation. När signalen blåsts tre gånger, upphör beskjutningen från dansk sida.

Lindebergs adelsvapen från 1647

Förhandlingar kommer igång för villkoren för kapitulation och på morgonen den 3 augusti marscherar danskarna in på slottet. Knud Ottesen Thott utses till dansk amtman i staden och Citadellet blir ett viktigt brofäste för danskarna under det skånska kriget

Hieronymus Lindeberg ställs inför krigsrätt av Karl XI och åtalspunkten är högförräderi. Översten döms till döden och avrättas i december samma år. Lindebergs fru Ingrid figurerar i flera av de vilt spridda rykten om anledningen till att kommendanten gett upp Nordens modernaste fästning i stället för att "hålla ut till siste man". Hon skulle helt enkelt inte ha stått ut med det öronbedövande bombardemanget utan tvingat sin man att ge upp. I en annan version hade överste Lindeberg anhållit hos danskarna om att få sända i väg sin sjuka hustru. Detta

hade nekats och då hade hustrun av skräck fött tvilling-
ar, men själv avlidit under förlossningen. Denna familje-
tragedi hade därefter fått kommendanten att helt tappa
modet.

Ingrid Lindeberg överlevde emellertid sin man och till-
delades även änkepension ur kungens kassa vilket kan
uppfattas som en kraftfull dementi på hennes delaktig-
het i den nesliga kapitulationen.

Knud Ottesen Thott 1676 – 1679

Knud var den tredje av familjen Thott på Landskrona
Slott. Jämte sina bröder introducerades han till det
svenska riddarhuset år 1664. Thott ägde bland andra
Knutstorp som danskarna brände under skånska kriget
1675-1679.

Han fick order av Christian V att bege sig till Lands-
krona. Ordern överlämnades av soldater, varför Thott
senare hävdade att han handlat under tvång då han träd-
de i dansk tjänst. Även hans bröder fick dansk tjänst.

En extraordinär domstol döm-
de honom och hans bröder
"från ära, liv och gods" och de
blev symboliskt avrättade i
Malmö. Efter kriget upphävdes
domen och Knud sålde sina
gods i Skåne och gjorde stor
karriär i Danmark.

Knud Ottesen Thott är be-
gravd i Vejlö Kirke i Danmark.

Knud Ottesen Thott

Gustaf Carl von Wulffen 1679-1680

Överste Gustaf Carl von Wulffen föddes i Riga 1625 och dog 1684. Han var den förste kommendanten på Landskrona fästning efter det att danskarna lämnade Landskrona 1679. Det finns mycket knapphändiga uppgifter över hans liv och leverna.

När generalguvernören Johan Gyldenstierna i slutet av maj 1680 kom på ett planerat besök var von Wulffen inblandad i olika händelser som lämnade frågetecken efter sig och som troligen avkortade hans tjänstgöring. Det var klagomål på missbruk och övervåld mot både allmoge och borgerskap.

Efter en måltid på slottet skulle Gyldenstierna kontrollera saken men han blev sjuk så mötet fick ställas in. Gyldenstierna återhämtade sig aldrig utan dog den 10 juni 1680. Men något måste ha hänt, för när Magistraten hade sitt första sammanträde efter Gyldenstiernas död var von Wullfen avlöst av överstelöjtnant Taube.

Ludvig Vilhelm Taube 1680

I turbulensen efter generalguvernör Johan Gyldenstiernas död började Överstelöjtnant Ludvig Vilhelm Taube sin kommendanttjänst i Landskrona. Han var välkänd i hela Skåne främst bland adeln eftersom han var generalguvernör i Skåne. Men alla ville visa sin sorg över Gyldenstiernas död, vilket gjorde att det strömmade in folk, hästar och vagnar som förhindrade den normala verksamheten i staden. Vid det första mötet med Magistraten ville Taube därför förbjuda såväl borgare som främmande att hindra bönderna, både utanför som innanför stadsportarna, eftersom de hade svårt att komma fram till torget med sina varor. Magistraten kunde dock inte godkänna denna begäran från Taube under pågående sorgeprocess.

Efter sorgeprocessen ville Magistraten "herr kommendantens påminnelse låta hos borgerskapet verkställiggöra." I gengäld ville man att kommendanten förkunnade för soldaterna hur de skulle uppföra sig.

Ludvig Vilhelm Taube var kommendant från omkring den 10 juni 1680 tills han slutade sin tjänst samma år.

Carl Gustaf Skytte 1680–1681

Förutom kommendant i Landskrona var Skytte bland annat kommendant i Dorpat 1697. Tillika var han överste för ett livländskt infanteriregemente och blev generalmajor av infanteriet 1706, vice guvernör i Skåne 1709 och Generallöjtnant av infanteriet 1710.

Skytte visade stort mod under hela kriget mot Danmark från år 1675 till dess slut 1679, varunder han isynnerhet slog och förskingrade posterade snapphanar. Han hade vid stormandet av Karlshamns skans, olyckan att största delen av hans manskap drunknade, då isen brast. Försvarade i det längsta och tappert staden Dorpat mot ryssarna, men måste till slut ge upp.

Som Skånes guvernör oroade han också danskarna 1709 med utfall från Malmö.

Daniel de Besche 1681–1685

de Besche var svensk soldat med holländskt ursprung. Gift med Catharina Regina Lillieberg. De fick inga barn utan han dog barnlös på sin post i Landskrona.

Efter Stettins kapitulation mot fritt avtåg, följde de Besche med den övriga garnisonen till Stralsund varifrån han översändes till Skåne. Den 11 maj 1678 utsågs han till generalkvartersmästarelöjtnant vid armén i Skåne. Han ersatte då Simon Kraft då denne blivit skjuten av snapphanarna.

Han tjänstgjorde fram till fredsslutet, varefter han utsågs till överstelöjtnant vid det i Pommern värvade Tyska livregementet till fots. Dessa hade lidit svåra förluster under kriget. Hösten 1681 överfördes regementet till Skåne som garnison i olika städer och de Besche själv placerades i Landskrona.

Thuro Erichson Waassman 1685–1686

Överstelöjtnat Erichson Waassman övertog även befälsskapet över det Tyska livregemente till fots. Det finns ingen biografi över honom och därför är uppgifterna om honom knapphändiga.

Waassman tog över kommendantsysslan på nytt från maj 1693 till januari 1694. Troligen var han då tillförordnad kommendant.

Waassman dog 30 maj 1696 och begravdes framför prostens skriftestol i Landskrona gamla kyrka.

Nils Stromberg 1686–1688

Stromberg tillbringade många år i utländsk tjänst, bl a i

nederländska armén där han tjänstgjorde under det fransk-nederländska kriget.

Efter resor i Tyskland, Frankrike, Schweiz och Holland hade han "stillat och förnöjt den längtan, som hos honom var, att göra sig till fäderneslandstjänst fullkomligen kapabel" och hemkallades till Sverige.

Han blev Kommendant i Landskrona 1686 och var samtidigt överste och chef för Tyska livregementet till fots 1686-88.

Nils Stromberg
1646-1723

Carl Gustaf Rehnskiöld
1651-1722

Carl Gustaf Rehnskiöld 1689 – 1693
Carl Gustaf Rehnskiöld var svensk greve och militär. Han var Karl XII:s lärare i krigskonst och närmaste militäre rådgivare.

Carl Gustaf Rehnskiöld var kommendant på Landskrona fästning från januari 1689 til den 9 maj 1693. Han var under samma tid även chef för Tyska livregementet till fots.

Han omnämns som en tapper krigare och en skicklig härförare och deltog i slagen vid Halmstad, Lund och Landskrona under skånska kriget, där han befordrades till överstelöjtnant och generaladjutant.

Efter att Karl XII blivit skjuten i foten tog Rehnskiöld över befälet för den svenska armén i slaget vid Poltava 1709, där svenskarna led ett avgörande nederlag.

Efter slaget blev Rehnskiöld krigsfånge i Ryssland och blev utväxlad 1718. Han kom till belägringen av Fredriksten strax innan Karl XII blev skjuten till döds. Efteråt tjänade Rehnskiöld som befälhavare i västra Sverige och dog 1722 i sviterna av en gammal granatskada.

Thuro Erichson Wassman 1693–1694 *(se även 1685-86)*

Reinhold von Liewen 1694–1701
Reinhold föddes 1653 och dog på sin post 1701. Han övertog tjänsten efter sin företrädare som hastigt avlidit. Reinhold var kommendant på Landskrona fästning från 1 januari 1694 till den 20 januari 1701 då han dog på sin post. Han jordfästes i Landskrona men är begraven i Geddegraven i Helsingborgs stadskyrka.

Jean de Corroset 1701–1704
Det var många kontroverser mellan stadsbor och garnisonens folk. Vid värvningar förekom ofta våld och år 1703 anmälde Magistraten till kommendant de Corroset att borgarna klagat på det sätt som deras söner och drängar tvingats till krigstjänst. "så att de icke känna sig fria någon stund och till slottet bortföras, vilket ånyo i går skedde, då några av soldaterna togo borgaren Mårten Wäcktares son utav en vagn som han kom körandes med på gatan".

Även andra klagomål framfördes till kommendanten som begärde en specifikation så att rättelse kunde ske. Jean de Corroset som föddes i Paris 1639, avled hastigt på sin post 1704 och blev begravd i Jean Johannis Baptistae - Landskronas gamla kyrka.

Sancti Johannis Baptistae av Emil Johansson – Thor från 1917. Kyrkan revs i slutet på 1700-talet av militära skäl, eftersom kyrkan och citadellet låg så nära varandra. och man befarade att fienden skulle kunna hissa upp kanoner i kyrkans torn.

Filip Fredrik Rothlieb 1704-1709

Han började sin militära bana i Brandenburg men gick svensk sold 1675. Han var med Karl XII i Narva 1700 och i Klissov 1702 och visade mycken krigskunskap, erfarenhet och tapperhet.

Han begravdes med militärisk ståt i furstliga graven i S:t Maria kyrka i Settin. Hans lik fördes senare till Sverige och nedsattes i Skyttenhielmska graven i Kläckeberga där även hans hustru är begraven.

William Sinclair 1709-1713

Överste Sinclair, som hade skotskt ursprung, kom till Landskrona från en kommendanttjänst i Malmö. Den militära banan började han som muskötare vid Östgöta infanteriregemente 1673, för att vid garnisonsregementet i Stralsund bli löjtnant. Han avancerade till överste för Västgöta femmänningsregemente. Efter sin avslutade tjänst i Landskrona blev han generalmajor.

Utanför Landskrona hade danskarna slagit läger. Kommendant Sinclair tillskrev Magistraten att stadens innevånare sålde varor till dansken, samtidigt som de vägrade att sälja livsmedel och annat de kunde undvara, till garnisonen. Än värre var att man ratade det svenska myntet i handeln och inte ville ha annat än danska penningar.

Sinclair dog 1715 i Malmö och är begraven i Göteborg.

Otto Magnus Hastfer 1713-1714

Det är inte lätt att få fram uppgifter om Otto Magnus. Det

vi vet är att han år 1700 var överstelöjtnant för en finsk bataljon. Släkten är känd sedan 1200-talet och hade sina rötter i Estland och både i adelskalendern och i andra lexikon berättas om många medlemmar i släkten men att finna något om Otto Magnus är näst intill omöjligt.

Han är den mest okände kommendanten på Landskrona fästning. Efter kommendering i Landskrona blev han kommendant i Malmö.

Gustav Fock 1714-1716

Samtidigt som överste Fock var kommendant i Landskrona var han chef över Västgöta tremänningsregemente, som tillhörde garnisonen. Den militära banan startade han vid ett Ingermanlänskt dragonregemente och blev 1682 kapten. Vid drottning Ulrika Elionoras livregemente blev han ryttmästare 1684. 1707 gick han i svensk sold och blev överstelöjtnant i ett sachsiskt regemente.

Gustav Fock föddes troligen i Finland där fadern ägde gods men han ägde även gods i Estland. När Fock avslutade sin tjänstgöring i Landskrona blev han landshövding i Älvsborgs län fram till sin död 1725.

Adolf Johan Hilchen 1716

Adolf Johan hade livländskt påbrå och ägde några gods vid Riga. På Landskrona fästning var han kommendant mellan den 4 maj 1716 och avslutade sin tjänst december samma år. Han var gift med Anna Märta Schulman vars föräldrar ägde Svärtinge i Östra Eneby.

Hans militära bana verkar ha slutat samtidigt som han fick avsked från Landskrona. Han dog 1732 på Svärtinge gods och är begraven i Östra Eneby kyrka.

Bengt Ribbing 1716–1717
Som kapten vid livdragonerna följde han Karl XII till Bender och deltog i dennes försvar av Pommern.

Han blev 1722 chef för Garnisonsregementet i Göteborg, tillika stadens kommendant.

1730 blev han generalmajor, landshövding i Göteborgs och Bohus län och överkommendant vid Göteborg och Bohus-

Bengt Ribbing 1686-1741

länska fästningarna. Han var kommendant på Landskrona fästning från december 1716 och slutade sin tjänst 1717. Ribbing dog 29 mars 1741 i Göteborg.

Christoffer Buure 1717–1721
Buure fick efter ett kungligt beslut, arrendera Erikstorps Kungsgård under sin tid som kommendant. Liksom många kommendanter före honom hade han svårt att komma överens med borgarskapet i staden. 1721 bestämde han sig därför att avsluta sin tjänst på Citadellet.

Redan den 1 januari 1722 föll han i en duell med Överstelöjtnant Carl Christoffer Schauman.

Johan Cederstråhle 1722–1723

Johan fanns redan i garnisonen då Christoffer Buure blev dödad i en duell och han tog över tjänsten som tillfällig kommendant fram tills november 1723. Det regemente som han tillhörde var ett artilleriregemente från Kristianstad och som 1794 döptes till Wendes artilleriregemente. Efter sin tjänst som kommendant på Landskrona fästning återgick han till sitt regemente i Kristianstad.

Bernt Wilhelm von Liewen 1723–1740

Överstelöjtnant Liewen från Hallands garnisonsregemente kom till Landskrona i november 1723 och var kvar ända tills våren 1740. Vid 1726 års riksdag anhöll dåvarande riksdagsmannen, rådman Laurentius Hahn från Landskrona, om att von Liewen skulle få stanna kvar som kommendant, vilket beviljades.

Efter tjänsten i Landskrona blev han först riddare av Svärdsorden 1748 och så småningom generalmajor i armen 1756.

Han dog 1771 på Läkesholm och är begravd i ett gravvalv invid Örkelljunga kyrka där hans hustru Anna Magdalena Taube också är begraven.

Peter Lannerstierna 1740–1748

Född 22 september 1680 Skatelöv prästgård i Kronoberg. Död 23 augusti 1748 i Landskrona. Sin militära bana började han som volontär i livgardet för att 1705 bli secundlöjtnant vid Helsinge regemente som då var engagerat i Karl XII's krig i Kurland, nuvarande Lettland.

I en strid 1705 fick Lannerstierna sitt högra ben avslaget av en kula. Hans ben amputerades och han fick en protes i trä som han hade resten av livet. Han blev kapten vid Kronobergs regemente 1708 för att 1711 bli utnämnd till kommendant i Helsingborg. Denna tjänst innehade han till 1740 då han tillträdde sin kommendanttjänst i Landskrona.

Lannerstierna dog på sin post den 23 mars 1748 i Landskrona, där han också är begravd.

Johan Anton von Matérn 1748–1760

Född 22 oktober 1683 i Stockholm. Död 20 december 1767 i Skepplanda, Älvsborgs län, där han också är begravd.

1742 fick han titeln generalkvartermästarlöjtnant vid den finska brigaden och blev 1744 knuten till fortifikationskontoret. Utnämnd till Riddare av Svärdsorden 1748, samma år som han tillträdde tjänsten som kommendant på Landskrona fästning. Denna innehade han mellan 27 oktober 1748 och 21 juli 1760.

Alexander Mikael von Strussenfelt 1760–1762

Strussenfelt befordrades 1747 till kapten vid Fortifikationen och 1748–59 förestod han som fortifikationsbefälhavare det nya fästningsarbetet i Landskrona. Han utnämndes 1760 till överste och kommendant i Landskrona, men återgick inom kort till fortifikationsbefälhavaruppdraget.

År 1769 blev han generalkvartermästare och direktör för Fortifikationen, och samma år utarbetade han en förenklad dessin till Landskrona citadells fullbordande. Han blev ledamot av Vetenskapsakademien 1766, då han funnit på ett sätt att förbättra murningskonsten.

Han gifte sig på gamla dar med den 30 år yngre Ulrika Elionora Silferskiöld 26 januari 1770. Genom ett kungligt brev från 1780 fick von Strussenfelt rätt att bebo brigadhuset (Nuvarande "Gamla kassan" i Landskrona) till sin död och efter honom hustrun. Hustrun dog först 1835 till stort förtret för de som ansåg sig har rätt till bostaden.

Carl Ribbing 1762–1765

Carl Ribbing var son till Bengt Ribbing, kommendör i Landskrona 1716 - 17. Han var svensk ambassadör i S:t Petersburg och hade goda kontakter med Katarina den stora. Han åtföljde Gustav III vid hans resa till Ryssland och mötet med Katarina den stora, som var kungens kusin.

Han var löjtnant vid Kalmarbrigaden 1742 och 1747 tillbaka vid fortifikationen som kapten. Han fick majors grad 1757 då han även utnämndes till Riddare av Svärdsorden. Från februari 1762 till februari 1765 var han kommendant på Landskrona Fästning.

Efter Landskrona blev han kommendant i Kalmar men den tjänsten blev kortvarig eftersom han blev sänd till Ryssland som extraordinarie envoyé (diplomatiskt sändebud).

Corfitz Ludvig Beck-Friis 1765 - 1790

Beck-Friis kom från Kalmar där han tidigare hade en kommendanttjänst. Han utnämndes till Riddare av Svärdsorden 1761 och till Kommendör av Svärdsorden 1786. Vid avslutad tjänst i Landskrona tog Beck-Friis även avsked från det militära.

Under 1789 var för övrigt Sofia Albertinas arkitekt, överstelöjtnant Carl C Hårleman, vice kommendant på Landskrona fästning.

Didrik Bildt 1790 – 1800

Didrik Bildt startade sin militärbana 1774 och blev sedermera kapten vid Stedingska regementet i Göteborg. Därefter blev han major vid Sprengtportens regemente, förlagt till Landskrona.

Överste Bildt utnämndes den 24 mars 1790 till kommendant på Landskrona fästning, men tillträdde inte tjänsten förrän den 1 november.

Han deltog också i Gustav III:s krig mot Ryssland. Bildts ben blev illa skadat av en granat och fick amputeras. Han var därmed den andre kommendanten som hade träben på Landskrona fästning (Peter Lannerstierna var den förste). Han blev Riddare av Svärdsorden 1794 och 1798 startade han en skola för garnisonens barn med pengar som delvis skänkts av invånarna i staden. Skolan drevs i stadens regi fram till 1891.

Margareta Elisabet Pettersson från Göteborg blev Bilds hustru och tillsammans fick de fyra barn. Två flickor och två pojkar, alla födda i Landskrona. En av hans söner, Knut, blev general. Av ättlingar kan även nämnas Gillis Bildt, statsminister 1888 – 1891 och ännu senare Carl Bildt, partiledare och statsminister 1991 – 1994 och utrikesminister 2006 – 2014.

Fredrik Ulrik Wrangel 1800 - 1815

Wrangel var svensk greve och generalmajor och den 8 september1800 blev han kommendant i Landskrona. Han innehade denna tjänst till 1815 då han som överste blev regementschef. År 1827 blev han generalmajor och tog två år senare avsked från regementet.

Han bevistade finska kriget 1788-1790 som tjänstgörande adjutant hos konungen.

Öppen stad

Under Wrangels kommendanttid förlorade Landskrona sin roll som fästningsstad och 1822 förklarades Landskrona som en öppen stad. Citadellet bibehölls som militärförläggning fram till 1870.

Efter denna tid nämns dock *Jonas Otto Tengmark 1831 – 1845* och *Adolf Schmidt 1846 – 1849*. Det är dock oklart om de var kommendanter eftersom Landskrona var en öppen stad.

Landskrona Slott o Citadell, Landskrona fästning har varit mer eller mindre fängelse sedan 1700-talet och var en sluten anläggning fram till 1 juni 1953 då allmänheten för första gången kunde gå över bron utan passersedel.

Fängelsetornet

Del 3
Fängelsetiden

Fängelsetornet (ovan) och isoleringsceller (nedan)

Från krigsfångar
till dödsdömda

Intill sjukhuslängan ligger fängelsetornet. Dess första våning var ifrån början en vanlig kanonrundel, som man byggde samtidigt som huvudbyggnaden, alltså under åren 1549 – 1559.

Redan under början av 1700-talet hade Landskronas citadell använts som fängelse för krigsfångar. Därför föll det sig också naturligt in att efter det att Citadellet mist sin betydelse som militäranläggning så byggdes det om till fängelse.

Sjuttonhundratalet
I början på sjuttonhundratalet noterades det att 60 polska och ryska krigsfångar var placerade på Citadellet. Dessa blev sysselsatta med att kasta upp jord till en torvsättning för komplettering av bastionssystemet. Fångarna förvarades i primitiva stockhus på borggården.
Den sista ryska krigsfången lämnade Citadellet 1721.

I en rapport noterades 1748 att Citadellet hyste 24 manliga och fyra kvinnliga fångar. Mot slutet av århundradet ökade antalet. Tio år senare fick fångarna en ny arbetsplats i de nya fästningsverken på ön Gråen, där de även där inkvarterades i primitiva stockhus.

Artonhundratalet

Landskrona Citadell får en ny uppgift i den svenska fångvården 1827 när Citadellet tas i bruk som fängelse för livstidsdömda. Det växte snabbt till landets största anstalt för livstidsdömda fångar.

I södra och västra stockhuslängorna antecknade man detonationsfångar samt de "å vatten och bröd dömda" i en avdelning på sex rum. Året var 1835 och det rörde sig om 72 män och 8 kvinnor. Vidare förekom det 16 bötesfångar och 8 "bysatta" män. Bysättning var ett juridiskt exekutivt tvångsmedel, som innebar att en gäldenär, som inte fullgjort en betalningsskyldighet, berövades sin frihet tills han betalat skulden.

I hela fängelset fanns nu 194 fångar, de yngsta under 20 år och de äldsta över 72 år.

1840 infördes genom lagstiftning en viss humanisering av straff och året efter byggdes de tre låga kanonrundlarna om till fängelse.

Sex år senare byggdes den östra rundeln om och fick också tre bestraffningsceller. En mörkercell och två isoleringsceller. Isoleringscellerna användes till psykiskt sjuka människor eftersom man trodde och hoppades att de kunde avreagera sig och läka ut sina sjukdomar på det viset.

I dörrarna till isoleringscellerna finns två hål för fångarnas matskålar. Där fanns också en blysked fast monterad i dörrposten, så att fångarna fick sitta på toaletten och äta sin mat med blyskeden.

Man byggde även på ytterligare två våningar med celler. Krutmagasinen blev mörka celler, isoleringsceller. medan de gamla kanonkasematterna (fästningsvalven) gjordes om till ljusa celler. Från 1840 och ända till 1863, utfördes omfattande byggnadsarbete där fångarna utgjorde arbetskraften.

Kolera

1853 dog 31 personer i kolera i Borstahusen. För att inte smittan skulle föras vidare till Landskrona stängde man av vägarna. När kistorna skulle begravas fick man inte heller föra dem till Landskronas kyrkogård utan de begrovs söder om fiskeläget, intill strandkanten. Årliga eroderingar och stormar gjorde att kropparna efter några år återigen hamnade ovan jord.

1896 samlade man ihop alla resterna och begrov dem i en gemensam grav på Landskrona kyrkogård. Texten på stenen, som idag är nästan omöjlig att läsa, är:

MINNE AF DE FRÅN BORSTAHUSEN SOM AFLED I KOLERA 1853.

Koleran spred sig och kom till Landskrona Citadell fyra år senare.

Fabriksarbete med tillverkning av ylle och bomullsvävnader infördes 1854. Greve Lewenhaupt skrev kontrakt med fångvårdsstyrelsen om att sysselsätta 200 fångar och så gott som samtliga byggnader inne på Citadellet anpassades nu till fängelse.

1857 kunde man inte längre hålla koleran utanför Citadellet och 369 fångar insjuknade.

1859 uppförde man en nattcellsbyggnad med 108 celler och en kyrksal. Denna byggnaden revs sedan under 1960-talet eftersom den var i mycket dåligt skick. Året efter byggde man på östra rundeln med två våningar och utökade med 32 enmansceller. Nya tankar inom fångvården etablerades, bort med kroppsliga bestraffningar och mer tid för eftertanke och att sona brottet.

Rastgårdar skapades, Kommendantflygeln byggs och fotografering av de intagna påbörjades.

1864 fanns det 423 fångar och varje fånge kostade 22 öre om dagen. I norra tornet satt 16 livstidsfångar. Året efter noterades att antalet gått ner till 310 varav 39 för mord och dråp, tre för giftmord och fyra för mordbrand. 19 personer satt dessutom inne för rån och röveri.

1876 delades fångvårdsanstalterna upp i straffanstalter och arbetsanstalter. Citadellet blev då en av sex straffanstalter och de dugliga och arbetsföra fångarna flyttades till Varberg. Kvar på Citadellet blev de sjuka och orkeslösa.

Året efter brann textilfabriken ner till grunden. Nu uppstod småskalig verksamhet med många entreprenörer, t. ex. tunnbinderi, borstbinderi, rensning av ärtor mm.

1880 leder man gas in i området för belysning och andra ändamål och fyra år senare upphörde straffet på "Vatten och bröd"

Huvudbyggnaden skadas svårt av en brand 1886 .

En för tiden känd fånge på Citadellet var socialagitatorn Per Kell Lyngholm från Helsingborg.

Lyngholm föddes i Nykøbing i Danmark, men emigrerade till Sverige och var aktiv i arbetarrörelsen i Helsingborg under 1880-talet.

Skomakare
P K Lyngholm

Med fångnummer 164 blev han han 1888 Citadellets första politiska fånge. Han utvisades till Danmark 1889.

Samma år blir Citadellet kronohäkte och för första gången tvångsarbetsanstalt. Livstidsfångarna ersätts av försvarslösa och lösdrivare.

Nittonhundratalet

Kring sekelskiftet blir så Citadellet Sveriges enda tvångsarbetsanstalt för lösdrivande kvinnor och prostituerade, vilket innebar att kvinnor från hela landet samlades i Landskrona. Från och med 1909 tog man även emot livstidsdömda kvinnor.

I övergången användes fängelset som ett rannsakningsfängelse vilket gjorde att både män och kvinnor var här samtidigt. Det innebar att när man rastade fångarna fick männen bära bruna huvor för att de inte skulle kunna se kvinnorna och bli attraherade av dem

1906 fanns det 180 kvinnor i fängelset. 85 av dem var under 25 år och en endast 16 år.

Officiellt fängelsefoto Carl Otto Andersson

Carl Otto Andersson

Det är omöjligt att publicera en skrift om Citadellet som fängelse, utan att nämna de två mest berykta-de fångarna. Den förste var Carl Otto Andersson, född i trakten av Norrköping 1840. Som barn fick han ofta stryk av fadern och detta gjorde att han hade svårt med auktoriteter.

Vid 18 års ålder bröt han upp och flyttade till Norr-köping och fick arbete på en fabrik. Han blev vän med en arbetskamrat vid namn Otto Leonard Fagerström. Vänskapen höll inte i sig och i ett bråk kallar Fagerström Carl Otto för en "rå bondlurk".
I ett försök att ta hämnd knivhugger Carl Otto en man som han tror är Fagerström, men som visar sig vara fel människa. Av okänd anledning förlåter den-ne honom, eftersom han inte blev särskilt skadad.

En tid senare tar dock Carl Otto hämnd och dödar Fagerström med ett knivstick bakom vänstra örat. Han grips och döms till döden genom halshug-gning. På grund av sin unga ålder benådas han och får sitt straff omvandlat till "28 dagars fängelse vid vatten och bröd samt livstids vistelse vid fästning".

I fängelset utsätts fångarna vid ett tillfälle för matransoneringar och då beslutar sig Carl Otto för att mörda fängelsedirektören. Denna katastrof avvärjes genom att han först blir förflyttad till Karlskrona och därefter till Citadellet i Landskrona.

I Landskrona dröjer det dock inte länge förrän han blir ovän med vaktkonstapeln sergeant Anders Lind. Efter ett bråk hamnar Carl Otto i isoleringscell under 7 månader och när han kommer ut i augusti 1870 är han besatt av hämndbegär.

Knappt ett år senare får han chansen när Lind passerar genom fabriken på fängelseområdet. Han rusar fram med två knivar och ger honom flera knivhugg i magen. Lind dör och Carl Otto kan vid 31 års ålder inte längre benådas på grund av sin ålder. Han döms till döden genom halshuggning.

På morgonen den 6 mars 1872 förs Carl Otto Andersson till avrättningsplatsen vid garnisonskyrkogården i Landskrona, en plats som idag kallas "Granet". I en makaber tillställning inför hela 4 000 personer, skiljer skarprättare Olow Wilhelm Bergendahl Carl Ottos huvud från hans kropp, med ett enda effektiv hugg med yxan.

Carl Otto Andersson blir den siste som avrättas i Landskrona. Fyra år senare upphörde de offentliga avrättningarna. Dödsstraffet i fredstid avskaffades 1921 och i krigstid 1973.

Änglamakerskan

Hilda Nilsson föddes den 24 maj 1876. Hon och hennes man Gustaf bodde på Bruksgatan 5 i Hälsingborg och de levde under mycket knappa förhållanden. Skulderna växte och situationen blev alltmer hotfull.

För Hilda fanns det i princip bara ett sätt att bidra till inkomsterna och det var genom att ta emot fosterbarn mot betalning.

Barn som föddes utom äktenskapet, eller av föräldrar utan ekonomisk möjlighet, lämnades ofta bort till fosterföräldrar mot en engångssumma eller månatlig betalning. Myndighetskontrollen av dessa fosterföräldrar var i bästa fall sporadisk, i värsta fall obefintlig.

1915 tog Hilda emot sitt första barn, en femmånaders flicka. Hennes skrik höll Hilda sömnlös om nätterna och gick till sist henne på nerverna. En dag lade hon flickan upp och ner i en tvättbalja med vatten, lade en tvättbräda på och en kolhink som tyngd över. När hon kom tillbaka hade skriken tystnat för gott.

Liket brände hon sedan i kolugnen i tvättstugan och till sin man sa hon att en fin familj kommit och hämtat flickan.

Under de kommande två åren försvann ytterligare sju

Hilda Nilsson med sin man Gustaf och ett barn som kan vara Gustavs son, eller ett av fosterbarnen som fick leva

Tvättbaljan, tvättbrädan och kolhinken Hilda Nilsson använde som mordvapen. Till höger det officiella fängelsefotot

små barn. Hilda skrev kort till mammorna där hon berättade hur bra det gick för barnen och drog sig inte heller för att begära mer pengar för barn som redan var döda.

En av mammorna försökte kontakta Hilda, eftersom hon fått besked om att hennes son flyttat till Hildas syster i Malmberget. Då hon inte fick kontakt åkte hon helt enkelt till Bruksgatan och sökte upp Hilda. En överraskad Hilda berättade att sonen dött i Malmberget trots att hon skickat lugnande brev till mamman.

Polisen kopplades slutligen in och hela historien rullades upp. I rätten dömdes Hilda den 14 juni 1917 till döden för ett dråp och sju mord. I enlighet med nya rutiner omvandlades straffet till livstids fängelse, men innan detta hann verkställas hängde sig Hilda i sin cell den 10 augusti 1917.

Efter detta ökade myndigheternas kontroll och det hela blev slutet på Änglamakerskorna - dödens fosterföräldrar.

Källförteckning

Åke Jönsson: Historien om ett slott , Historien om en stad
del I, II och III, Landskrona Citadell, en minneshistoria
Karl Bergkvist: Herrarna på Landskrona slott
Grimberg: Svenska folkets underbara öden
Nordiska Museet: Svensk soldat
Johan G Rystad: Änglamakerskan
Niklas Ekström: Det gamla Karmeliterklostret
K Görtz: Soldatbok Landskrona Citadell 1676
Wikipedia
Nordisk Familjebok
Bra Böckers Lexikon
Länsstyrelsen i Skåne
Länsstyrelsen i Halland
Hembygdsföreningen i Sibbarp
Svenskt Biografiskt lexikon
Roskilde stift
Nästveds kommun
Gustaf Elgenstierna: Den introducerade svenska adelns
ättartavlor. 1925-36
Dansk Biografisk lexikon
ST Kjellberg: Svenska slott och herresäten Skåne 1, 2, 3
samt Halland
C M Espman, Landskrona Stads Beskrifning
Helsingborg och Malmöhus arkiv
Lunds Landsarkiv

Skånska Generalguvernementets kansli arkiv
Riksarkivet
Museet/Kulturförvaltningen i Varberg
Landskansliets arkiv
Riksarkivet: Armens rangrulla
Svensk uppslagsbok
K Erslev: Danmarks len og lensmend i det 16de århundradet
K Erslev: Danmark og Norges len och lensmend 1596 – 60
T Jerslev: Lensregenskaberna
Karolinska krigares dagbok
Loven: Landskrona under svenska tiden 1658 – 1908
Adelsvapen WIKI
Svenska kyrkan
Svensk Uppslagsbok
Tripadvisor
Nationalencyklopedin
Riddarhuset
H. F. A. Lönegren: Ett samhällets olycksbarn

FOTO: Tommy Olsson